Sascha Tiedemann

Johann Wolfgang von Goethe und seine Frauen

Lassen sich direkte Einflüsse seiner Frauen in seinen Werken finden?

GRIN Verlag

Bibliografische Information der Deutschen Nationalbibliothek:

Die Deutsche Bibliothek verzeichnet diese Publikation in der Deutschen National-
bibliografie; detaillierte bibliografische Daten sind im Internet über http://dnb.d-
nb.de/ abrufbar.

Impressum:

Copyright © 2010 GRIN Verlag, Open Publishing GmbH
Druck und Bindung: Books on Demand GmbH, Norderstedt Germany
ISBN: 978-3-640-77877-5

Dieses Buch bei GRIN:

http://www.grin.com/de/e-book/161947/johann-wolfgang-von-goethe-und-seine-
frauen

GRIN - Your knowledge has value

Der GRIN Verlag publiziert seit 1998 wissenschaftliche Arbeiten von Studenten, Hochschullehrern und anderen Akademikern als eBook und gedrucktes Buch. Die Verlagswebsite www.grin.com ist die ideale Plattform zur Veröffentlichung von Hausarbeiten, Abschlussarbeiten, wissenschaftlichen Aufsätzen, Dissertationen und Fachbüchern.

Besuchen Sie uns im Internet:

http://www.grin.com/

http://www.facebook.com/grincom

http://www.twitter.com/grin_com

Hausarbeit zum ISA-Kurs:

**Deutsche Kultur seit der Reformation im Spiegel von Literatur,
Musik und Philosophie**

**Johann Wolfgang von Goethe und seine Frauen-
Lassen sich direkte Einflüsse seiner Frauen in seinen Werken finden?**

Vorgelegt von:

Sascha Tiedemann

BA Politikwissenschaft,

Abgabedatum: 30.August 2010

Inhaltsverzeichnis

Johann Wolfgang von Goethe und seine Frauen

1   Einleitung:

Johann Wolfgang von Goethe ist wohl der bedeutendste Dichter in der deutschen Geschichte und wohl einer der größten Literaten aller Zeiten. Werke wie „Die Leiden des jungen Werthers", „Faust" oder auch „Götz von Berlichingen" sind zeitlos und absolute Klassiker der Weltliteratur. Nicht nur seine Werke, sondern auch seine unzähligen Briefe, die er an Freunde und Geliebte verfasst hat, spiegeln eine unglaubliche geistige und dichterische Kunst wider. Das „Universalgenie Goethe" hat sich mit vielen Themen und Wissenschaften beschäftigt, doch ein Bereich ist wohl immer ein besonderer gewesen und bis zu seinem Tode geblieben. Seine Werke, unter anderem auch die oben genannten, beschäftigen sich mit dem wohl ältesten und wichtigsten Thema der Menschheit- der Liebe.

Die Liebe war und ist eines der zentralen Themen seiner Werke. Betrachtet man nur kurz seine Biographie und die Auflistung der Frauen, die in Goethes Leben einen Platz in seinem Herzen einnehmen durften, so lässt sich vermuten, dass Einflüsse seiner Liebschaften unmittelbar in seinen Werken wieder zu finden sind.

Doch wer waren die Frauen in Goethes Leben? Haben sie tatsächlich den von mir behaupteten Einfluss in seinen Werken gefunden? Welche Charakter- und Persönlichkeitszüge lassen sich bei Goethe dadurch erkennen? All diese Fragen versucht die vorliegende Arbeit zu beantworten. Zunächst wird eine kurze Vorstellung Goethes erfolgen, um den historischen Kontext zu seinem Leben zu verdeutlichen. Danach werde ich in chronologischer Reihenfolge die wichtigsten Frauen in Goethes Leben bestimmen um dann im letzten Teil ein Fazit und einige Schlussfolgerungen für die Beantwortung der Fragen zu finden.

Soviel sei bereits vorweg genommen: Das Thema Goethe, seine Werke und auch seine Frauen sind ein unglaublich umfangreiches Thema. Eine lückenlose Darstellung aller Frauen und etwaigen Einflüsse ist im Rahmen dieser Arbeit nicht möglich. Der Fokus soll hier auf den wichtigsten und interessantesten Komponenten der Thematik liegen.

2   Goethe und seine Frauen

Johann Wolfgang von Goethe wurde am 28. August 1749 in Frankfurt am Main als Sohn von Johann Caspar Goethe, einem Juristen, sowie Catharina Elisabeth Goethe, geborene Textor, geboren. Seine Eltern waren schon früh daran interessiert, dass sich der junge Goethe mit Literatur auseinander setzt. Die Mutter las ihm schon früh Geschichten vor. Sein Vater besaß eine Bibliothek mit ca. 2000 Büchern. So kam auch der junge Goethe sehr viel mit Literatur in Berührung und fand vor allem Gefallen am „Volksbuch vom Dr. Faust".

Im Jahr 1765 begann Goethe sein Jurastudium in Leipzig. Nach kurzer Zeit fing er an das Hauptstudium zu vernachlässigen und begann, vermehrt Literaturvorlesungen zu besuchen. Auch trieb es ihn nun öfter in die Vergnügung, wie z.B. auch in den „Auerbach Keller", wo er mit Freunden gern Bier trank. 1766 verliebte sich Goethe in die drei Jahre ältere **Anna Katharina (auch „Käthchen" oder Annette) Schönkopf**, Tochter eines Leipziger Wirtes.[1] Nach Überlieferungen verdrehte die ein paar Jahre ältere Frau einigen Studenten den Kopf.

In dieser Zeit machte Goethe seine ersten Erfahrungen mit der Liebe. Seine Gefühlsaufwallungen und die Person Schönkopf finden sich im Liederbuch „Annette" verewigt. Außerdem verfasste Goethe einige Briefe an seinen Freund Ernst Behrisch, in denen er viele Gefühle und Einflüsse von Schönkopf beschreibt.

Es lässt sich somit erkennen, dass er bereits in seiner Studienzeit, in der er das Schreiben begann, Erlebnisse und Gefühle in personifizierter Form verarbeitete. Die Beziehung mit nna Katharina Schönkopf endete knapp zwei Jahre später am 26.04.1768.[2]

Im Juli des selben Jahres erkrankte Goethe an Tuberkulose. Er unterbrach sein Studium und kehrte nach Hause zurück. In dieser Zeit rückte eine Verwandte seiner Mutter in sein Leben- **Susanna Catharina von Klettenberg**.

Charakterisiert wird von Klettenberg als grenzenlos tolerant, sowie aufrichtig religiös. Außerdem zeigte sie ein lebhaftes Interesse an alchimistischen Experimenten. Sie beeindruckte Goethe hiermit stark und übte so auch religiösen Einfluss auf ihn aus. Sie mochten sich sehr. Ob aber eine richtige Liebschaft mit der sehr gläubigen Dame entstand, ist unklar. Jedenfalls inspirierte sie Goethe, woraufhin er die Gestalt „Makarie" in „Wilhelm Meisters Wanderjahren" nach ihr charakterisierte und widmete.[3]

Es wird somit erkennbar, dass sich die Widmung seiner Charaktere weiter in seinen Werken fortsetzte. Nach seiner Genesung setzte Goethe im April 1770 sein Studium in Straßburg fort. Dort lernt er bei einem Ausritt in Sesenheim **Friederike Brion** kennen und lieben. Sie trafen sich sehr häufig. Ein Jahr später, im August 1771 zerschnitt Goethe wiederum das Band der Liebe. Als frisch dissertierter Advokat beendete er die Beziehung und ging nach Frankfurt zurück.[4] Er brach ihr somit das Herz.

---

[1] Vgl. http://www.kerber-net.de/literatur/deutsch/drama/goethe/goetfrau_ges_inter.htm
[2] Vgl. ebd.
[3] Vgl. ebd.
[4] Vgl. ebd.

Er beschrieb diese Epoche seines Lebens im 11. Buch von „Dichtung und Wahrheit". Es ist aber kaum erkennbar, warum er die Beziehung abrupt abbrach. Allerdings gestand er später nachhaltige Schuldgefühle.[5]

Im Mai 1772 wurde Goethe Praktikant beim Reichskammergericht in Wetzlar. Sein dortiger Kollege Johann Kestner war durchaus angetan von ihm und stellte ihm seine Verlobte vor- **Charlotte („Lotte") Buff.** Statt sich mit seinen juristischen Studien zu beschäftigen, widmete sich Goethe antiker Autoren und wiederum der Liebe. Bei einem Fest in Volpertshausen, wo auch Kestner und Buff zugegen waren, verliebte sich Goethe in die lebenslustige, lebhaft und häusliche Charlotte.[6]

Es sollte eine einseitige Liebe bleiben. Bevor die bestandene Situation zu eskalieren drohte, beschloss Goethe, Wetzlar fluchtartig zu verlassen. Im Jahr 1774 schrieb er innerhalb weniger Wochen „Die Leiden des jungen Werther", welcher zu einem ungeheuren Erfolg führte.

Diese unglückliche Liebe, die er selbst erfahren musste, verarbeitete er so in der Handlung des Buches, in der die Figur der „Lotte" offensichtlich die dichterische Verkörperung von Charlotte Buff darstellte. Der „junge Werther", der sich unglücklich in diese Person verliebte, wählte den Selbstmord als Beendigung seines Liebeskummers. Das Werk wurde zum Gipfel der Sturm und Drang- Epoche. Goethe selbst schrieb sich so seinen Kummer von der Seele, anstatt wie die von ihm inszenierte Figur des Werthers, Selbstmord zu begehen.

Die kommenden Jahre stellten die produktivsten in Goethes Leben dar.

Im Januar 1775 lernt Goethe auf einem Fest die sechzehnjährige **Anna Elisabeth („Lili") Schönemann**, eine Bankierstochter, kennen. Bereits zu Ostern des gleichen Jahren verlobten sich die beiden. Goethe stellte allerdings schnell fest, dass ihre Familie und ihr Umfeld nicht in seine Anschauungen passen.

Da kam ihm der Besuch der Gebrüder Stolberg gerade recht, die ihn mit auf eine „Geniereise" in die Schweiz mitnehmen. Hier wollte Goethe erfahren, ob es echte Gefühle waren, die er für Lili empfand und ob die temporäre Trennung eventuell förderlich für die Beziehung wäre. In Frankfurt zurück, beschließt Goethe nach erneuten Komplikationen mit Lili die Verlobung aufzulösen. An der Richtigkeit der Trennung ist Goethe auch im hohen Alter noch am Zweifeln gewesen.[7] Ein direkter Einfluss auf Goethes Arbeiten lässt sich aufgrund der kurzen Zeit nicht erkennen. Es kann allerdings davon ausgegangen werden, dass auch diese Liebschaft eine Auswirkung auf sein Liebes- und Dichterwesen hatte.

---

[5] Vgl. http://www.mynetcologne.de/~nc-holzumbe2/frames.htm
[6] Vgl. http://www.kerber-net.de/literatur/deutsch/drama/goethe/goetfrau_ges_inter.htm
[7] Vgl. http://www.mynetcologne.de/~nc-holzumbe2/frames.htm

Zur etwa gleichen Zeit lernte Goethe den jungen Herzog Karl August zu Weimar kennen. Er lud ihn ein nach Weimar zu kommen. Goethe folgte der mehrmaligen Einladung. August bat ihm an bei der Staatsführung mit tätig zu werden, was er nach kurzem Zögern annahm. So verschlug es Goethe zunächst in den Staatsdienst im kulturell aufstrebenden Weimar.

In Weimar lernte er die sieben Jahre ältere **Charlotte von Stein** kennen. Sie war seit 1764 mit dem herzoglichen Stallmeister verheiratet und hatte sieben Kinder zur Welt gebracht, wovon drei überlebten. Sie war somit eine Frau die mitten im Leben stand und schon einiges erlebt hat im Gegensatz zu dem doch um einige Jahre jüngeren Goethe. Trotz des Umstandes, das sie bereits verheiratet war, zog es ihn zu ihr. Er war beeindruckt von ihr und wahrscheinlich auch von der Tatsache, dass sie keine einfach zu erreichende Frau war. Jedenfalls versuchte er mit lebhaften bis ungestümen Mitteln, die von Stein zu beeindrucken. Sie wies ihn wohl des öfteren in die Schranken. Trotzdem entstand eine innige Freundschaft, wenn nicht gar platonische Liebe.[8]

Es entstanden ca. 1650 Briefe, die von Liebe, aber auch weiteren Gegebenheiten berichten. So soll es eine Art Seelenverwandtschaft zwischen beiden gegeben haben. Andere Quellen berichten davon, dass es vor allem eine mäßigende und mütterliche Rolle war, die Charlotte von Stein bei Goethe einnahm. Außerdem soll sich die von Stein den sexuellen Wünschen ihres Geliebten versagt haben.[9] Diese vermutliche andauernde Aufschub von sexueller Befriedigung sorgte wohl auch mit dafür, dass Goethe sich den Zwängen des Hofes befreien wollte und eine Reise nach Italien anstrebte.[10]

Seine Abreise nach Rom 1786 beendete so die Beziehung, in welcher Art und Weise sie auch gewesen sein mag. Charlotte von Stein war tiefverletzt, hielt aber noch losen Kontakt.

Der Einfluss der von Stein auf Goethes Werk lässt sich so vor allem in seinen Gedichten und seinen unzähligen Briefen finden. Sein Briefwerk, welches eines der unfangreichsten eines Dichters darstellt, ist somit zumindest um die knapp 1650 Briefe an sie von ihr mit beeinflusst.

In Italien verblieb Goethe bis Juni 1788. Grund für die Reise war wie bereits dargestellt das für ihn durchaus zerrissene und unbefriedigende Leben mit der Frau von Stein, sowie eine Identitätskrise. Er bereiste das ganze Land von Siena, Florenz, Parma, Neapel, Sizilien über

---

[8] Vgl. http://www.br-online.de/content/cms/Universalseite/2009/02/17/cumulus/BR-online-Publikation-ab-05-2009--85212-20090713145432.pdf
[9] Vgl. http://www.mynetcologne.de/~nc-holzumbe2/frames.htm
[10] Vgl. Matussek, Peter: Goethe zur Einführung, Junius Verlag GmbH, Hamburg, 1998, S.103

Mailand zurück nach Weimar.[11] Die Erfahrungen und die Beschäftigung mit der Antike und Renaissance sollten für spätere Werke befruchtende Auswirkungen haben.

Zurück in Weimar, weiter nicht komplett im Reinen mit Charlotte von Stein, lernt er die damals dreiundzwanzigjährige **Christiane Vulpius** kennen. Goethe selbst war dort schon 39. Charlotte von Stein brach bei der Bekanntgabe der Beziehung jeglichen Kontakt zu Goethe ab.

Er schätzte vor allem ihre fröhliche und natürliche Art. Noch im gleichen Jahr holte er sie zu sich in sein Haus. Vulpius hatte es in Goethes Gesellschaft, bzw. in der Weimarer Gesellschaft keinen leichten Stand. Spott und Lästerei musste sie wohl jahrelang über sich ergehen lassen. Erst achtzehn Jahre später, nachdem Goethe sie [endlich] heiratete, veränderte sich ihr Stand in der Gesellschaft.

1789 wurde August von Goethe geboren. Vier weitere Kinder in den Folgejahren überleben nicht. Die Beziehung zwischen den beiden kann wohl als harmonisch gelten. Dies jedenfalls belegen Gedichte wie „Morgenklagen" oder „Frech und froh". Auch die „Römischen Elegien", welche die sinnliche, noch nicht von christlichen Moralvorstellungen, beeinflusste Liebe beschreibt, sind wohl Indiz dafür, dass Goethe glücklich war.[12]

Am 06.06.1816 verstarb Christiane nach langem, schmerzhaftem Todeskampf. Goethe schrieb erschüttert in sein Tagebuch: „Leere und Todtenstille [sic!] in und außer mir!"

Nicht nur in den bereits genannten Werken, sondern auch in den 354 von Goethe und 257 von Christiane geschriebenen Briefen, die erhalten sind, zeigen sich tiefe Zuneigung, Liebe und Leidenschaft, die auch in den Werken Goethes festen Einfluss bekamen.[13]

Allerdings ist bekannt, dass er 1807 Empfindungen für eine Achtzehnjährige gehabt hat. **Wilhelmine („Minchen") Herzlieb**, Tochter eines Jenaer Buchhändlers, hatte es dem berühmten Dichter angetan. Später gestand er Christiane die für ihn selbst „mehr als billigen" Empfindungen. Die Erlebnisse dieser Zeit verarbeitete er in dem 1809 herausgebrachten Werk „Die Wahlverwandtschaften".[14]

1814, sprich vor Christianes Tod, reiste Goethe in die Rhein- Maingegend, wo er in Frankfurt **Marianne Jung, später von Willemer** (damals Partnerin von Bankier Johann von Willemer), kennen lernte. Goethe, damals 65, fühlte sich keineswegs zu alt für die 30jährige und verliebte sich in sie. Marianne wurde seine Muse und Partnerin in der Dichtung.

---

[11] Vgl. http://de.wikipedia.org/wiki/Johann_Wolfgang_von_Goethe
[12] Vgl. http://www.mynetcologne.de/~nc-holzumbe2/frames.htm
[13] Vgl. http://www.kerber-net.de/literatur/deutsch/drama/goethe/goetfrau_ges_inter.htm
[14] Vgl. ebd.

Wie intensiv die Beziehung war, ist schwer zu deuten. Fest steht, dass sein „West-östlicher Divan", der in dieser Zeit entstand, unter anderem Liebesbriefe und Gedichte beinhaltet, die von Marianne geschrieben wurden.

1823 erkrankte Goethe an einer Herzbeutelentzündung. Nach seiner Genesung wurde er geistig lebendiger als zuvor. Mittlerweile im Kurort Marienbad angekommen, lernte er dort die Tochter einer guten Bekannten kennen- **Ulrike von Levetzow**. Goethe, nunmehr 72 Jahre alt, verliebt sich in die gerade Siebzehnjährige und hält ernsthaft um ihre Hand an. Nach zögerlichem Warten wird der hochoffizielle Heiratsantrag höflich abgelehnt. Trotzdem wird Ulrike seit jeher als die letzte Geliebte in Goethes Leben geführt und sie selbst sagte noch in hohem Alter: „Keine Liebschaft war es nicht!"[15]. Aber auch sie hat für den alten Goethe, der nun die abschließende Epoche im Leben begann, einen Einfluss auf seine Dichterkunst gehabt. So schrieb er 1827 die sogenannte „Marienbader Elegie", in der er mit seiner Liebe abschließt. In den Folgejahren zog sich Goethe immer mehr zurück bis er am 22. März 1832 vermutlich an einem Herzinfarkt in Weimar starb. Er hinterlies eines der umfangreichsten literarischen Werke der Literaturgeschichte und hatte zahlreiche Einflüsse in allen Richtungen der Kunst. Auch die Naturwissenschaft und Farbenlehre sind unter anderem durch seine Einflüsse mitgeprägt worden.

3 Fazit- Hatten Goethes Frauen tatsächlich Einfluss auf seine Dichtung ?

Nachdem wir nun Goethes Lebenslauf in seinen wichtigsten Zügen beschrieben haben, sowie die damit zusammenhängenden Frauen benannt haben, ist es nun wichtig die eingangs gestellten Fragen dieser Arbeit zu stellen. Dabei ist zunächst interessant zu interpretieren, welche Persönlichkeit Goethe beim Thema Frauen und Liebe zu verkörpern schien. Hier lassen sich in diesem Zusammenhang sehr interessante Zitate von Goethe selbst heranziehen, die einen Einblick in seinen Habitus zulassen:

„ Da uns das Herz immer näher liegt als der Geist und uns dann zu schaffen macht wenn dieser sich wohl zu helfen weiß, so waren mit die Angelegenheiten des Herzens immer die wichtigsten erschienen."

Goethe in „Dichtung und Wahrheit" [16]

Bereits in dieses Zitat wird deutlich, dass Goethe und die Liebe, sprich die „Angelegenheiten des Herzens" immer als „die Wichtigsten" erschienen. Eine interessante Grundannahme,

---

[15] Vgl. ebd.
[16] Vgl. Goethe in: Chamberlain, Houston Steward: Goethe, Verlang von F. Brunckmann A.-G., München, 1912, S.92

wenn man Goethe im Handeln seiner Liebschaften verstehen will, vor allem bei der Berücksichtigung der oben dargestellten. Ein weiteres Zitat lässt sich gut in die Epoche von Christiane Vulpius und seinen Liebschaften mit Herzlieb und von Willemer während der Ehe erkennen:

„Es ist eine sehr angenehme Empfindung, wenn sich eine neue Leidenschaft in uns zu regen anfängt, ehe die alte noch ganz verklungen ist. So sieht man bei untergehender Sonne gern auf der entgegengesetzten Seite den Mond aufgehen, und erfreut sich an dem Doppelglanze der beiden Himmelslichter."[17]

Aber auch andere Zeitgenossen behaupteten, dass Goethe ganz eigene Züge in der Liebe entwickelte. Schiller beispielsweise bezichtigte Goethe einer Ehescheu. Wilhelm von Humboldt behauptete gar, dass Goethe überhaupt nicht lieben konnte, sondern lediglich in die Gestalten seiner Phantasie verliebt gewesen sei, weshalb er die echte Liebe in seinem Leben vernachlässigt habe.[18] Gerade der letzten Aussage gilt es nach den oben stehenden Belegen zu widersprechen. Denn viele seiner Figuren, wie beispielsweise die „Lotte" in seinem „Werther" sind erst durch die Liebe zu einer Person entstanden. Und dies stellt wie oben beschrieben nicht die Ausnahme dar. Die Frauen in Goethes Leben haben verschiedene Einflüsse auf sein Werk gehabt. Sei es wie bereits genannt in der direkten und detaillierten Darstellung eines Protagonisten oder Antagonisten, in unzähligen Briefen aus dem Schreibverkehr zwischen Goethe und seinen Frauen oder einfach, weil Erfahrungen, die er mit Frauen gemacht hat, die Person Johann Wolfgang von Goethe, geprägt haben. Trotz aller mit Recht notwendigen Vorsicht bei biographischen Rückschlüssen ist es möglich, die Spuren und die Einflüsse, die Goethes Frauen auf sein Leben hatten, zu erkennen. In einigen Fällen, nahezu jedem Fall und zu jeder Frau, setzte Goethe seinen Frauen ein dichterisches Denkmal in seinen Werken. Es lässt sich somit eindeutig die in der Einleitung gestellte These bejahen. Die Frauen haben Einfluss in seine Werke gefunden und ihn, wie er selbst einmal bekannte, „die Rettung aus seiner Seenot" im Schreiben eines Romans gefunden.[19]

Es lässt sich aber zuletzt festhalten, dass das Thema „Goethe und seine Frauen" schon seit seinem Tod, wenn nicht gar schon davor, Gegenstand der Goetheforschung war und ist. Es wird vermutlich immer wieder neue Erkenntnisse geben, was das Thema weiterhin sehr interessant bleiben lässt.

---

[17] ebd., S.93
[18] Vgl. http://www.br-online.de/br-alpha/alpha-forum/alpha-forum-stationen-der-literatur-gespraech-ID1247496206649.xml
[19] Vgl. http://www.mynetcologne.de/~nc-holzumbe2/frames.htm

4 Anhang

Bilder von Goethes Frauen in der Reihenfolge:

Anna Katharina Schönkopf[20]

Susanna Catharina von Klettenberg[21]

Friederike Brion[22]

Charlotte Buff[23]

---

[20] http://www.xlibris.de/xlibris/authors/author/Goethe/bio_extras/pics/Seite2/large/pic3.jpg
[21] http://upload.wikimedia.org/wikipedia/commons/5/5f/Susanne_von_Klettenberg.jpg
[22] http://de.academic.ru/pictures/dewiki/70/Friederike_Brion.jpg
[23] http://www.fg-deutschkurse.de/deu/seiten/literatur/werther/charlotte_b.jpg

Anna Elisabeth Schönemann[24]

Charlotte von Stein[25]

Christiane Vulpius[26]

Wilhelmine Herzlieb[27]

[24] http://www.odysseetheater.com/goethe/bilder/schoenemann_1782.jpg
[25] http://media.kunst-fuer-alle.de/img/41/g/41_00179981~_ernst-hader_charlotte-von-stein---e--hader.jpg
[26] http://www.muenster.org/kvg/navig/aussen/fahrten/exkursio/1994/vulpius.jpg
[27] http://de.academic.ru/pictures/dewiki/77/MinchenHerzlieb1.jpg

Marianne von Willemer[28]   Ulrike von Levetzow[29]

[28] http://de.academic.ru/pictures/dewiki/77/Marianne_von_Willemer.png
[29] http://de.academic.ru/pictures/dewiki/85/Ulrike_von_Levetzow.jpg

5 Literaturverzeichnis

Chamberlain, Houston Steward: Goethe, Verlang von F. Brunckmann A.-G., München, 1912.

Goethe in: Chamberlain, Houston Steward: Goethe, Verlang von F. Brunckmann A.-G., München, 1912.

Matussek, Peter: Goethe zur Einführung, Junius Verlag GmbH, Hamburg, 1998.

Internetressourcen: (letzte Zugriffe: 29.August 2010, 14:45)

http://www.br-online.de/br-alpha/alpha-forum/alpha-forum-stationen-der-literatur-gespraech-ID1247496206649.xml

http://www.br-online.de/content/cms/Universalseite/2009/02/17/cumulus/BR-online-Publikation-ab-05-2009--85212-20090713145432.pdf

http://de.wikipedia.org/wiki/Johann_Wolfgang_von_Goethe

http://www.kerber-net.de/literatur/deutsch/drama/goethe/goetfrau_ges_inter.htm

http://www.mynetcologne.de/~nc-holzumbe2/frames.htm

Bilder:

Schönkopf:

http://www.xlibris.de/xlibris/authors/author/Goethe/bio_extras/pics/Seite2/large/pic3.jpg

Von Klettenberg:

http://upload.wikimedia.org/wikipedia/commons/5/5f/Susanne_von_Klettenberg.jpg

Brion:

http://de.academic.ru/pictures/dewiki/70/Friederike_Brion.jpg

Buff:

http://www.fg-deutschkurse.de/deu/seiten/literatur/werther/charlotte_b.jpg

Schönemann:

http://www.odysseetheater.com/goethe/bilder/schoenemann_1782.jpg

Von Stein:

http://media.kunst-fuer-alle.de/img/41/g/41_00179981~_ernst-hader_charlotte-von-stein---e--hader.jpg

Vulpius:

http://www.muenster.org/kvg/navig/aussen/fahrten/exkursio/1994/vulpius.jpg

Herzlieb:

http://de.academic.ru/pictures/dewiki/77/MinchenHerzlieb1.jpg

von Willemer:

http://de.academic.ru/pictures/dewiki/77/Marianne_von_Willemer.png